LES ARRIÈRE-PENSÉES

DU PARTI LIBÉRAL,

OU

RÉFUTATION

ADRESSÉE A M. DE KÉRATRY,

DÉPUTÉ BRETON,

PAR UN ÉLECTEUR PICARD.

A PARIS,

CHEZ PILLET AINÉ, IMPRIMEUR-LIBRAIRE,

RUE CHRISTINE, Nº 5.

—

1820.

RÉFUTATION

DES

DOCUMENS NÉCESSAIRES

DE M. DE KÉRATRY.

PREMIÈRE LETTRE.

Et moi aussi, Monsieur, bien que je n'aie ni le talent d'un journaliste, ni la fortune d'un éligible, ni les engagemens d'un homme de parti, je m'occupe de politique, je suis les séances de nos députés, je parcours les journaux de toutes les couleurs, je lis les brochures, et j'espère ne pas aller aux élections prochaines de mon arrondissement, sans avoir une connaissance assez raisonnable des pièces du procès à juger entre les candidats blancs, noirs et constitutionnels.

Je me suis donc bien gardé de laisser passer, sans le lire, l'écrit que vous venez de mettre au jour. Je comptais y trouver quelques idées utiles pour mes devoirs électoraux, non pas que je pensasse le moins du monde à régler mon vote sur vos conseils politiques; mais, en toute matière, il est sage, afin de s'éclairer, d'écouter les raisons des personnes qui ne sont pas de votre avis, sur-tout quand on leur suppose des lumières et de la bonne foi.

Vous le dirai-je franchement, Monsieur (car je suis Picard, et la franchise picarde ne le cède pas à la bretonne), au lieu de vues utiles, intéressantes, votre brochure ne m'a présenté que les rognures d'un certain journal? J'ai vainement cherché, dans ces pages que vous avouez, le ton de bonne foi et de philantropie qui caractérise l'auteur des *Inductions morales :* en un mot, l'honorable député m'a paru, dans cette occasion, avoir cédé la place au journaliste en colère.

Comme il faut être équitable avant tout, j'ajouterai que votre nouvel écrit offre un mérite que je ne comptais pas y trouver, je l'avoue : c'est qu'il traite assez fidèlement de ce qu'annoncent son titre et surtout l'avis préliminaire. Mais déjà votre modestie repousse cette louange comme trop minutieuse. J'insisterai cependant sur un genre de mérite plus rare qu'on ne pense aujourd'hui. En effet, mettant en honneur les principes d'une éloquence dont les secrets étaient inconnus à leurs devanciers, les orateurs du côté gauche ont porté à sa perfection l'art de traiter comme une digression le sujet à l'ordre du jour, et de donner à la digression toute l'importance du sujet. C'est ce que les rédacteurs de *la Minerve* ne se lassaient pas d'admirer dans les opinions de MM. Manuel, Dupont de l'Eure et Benjamin Constant, au prix desquels Démosthènes et Cicéron n'étaient, comme chacun sait, que de petits orateurs et de faibles patriotes.

Daignez me pardonner à moi-même cette digression. Je me hâte d'arriver au sujet de ma lettre, et de vous présenter quelques objections sur plusieurs des idées émises et des faits avancés dans votre brochure. Je n'irai pas m'arrêter à une guerre de chicane sur votre style. C'est, je le sais, la tactique obligée de MM. les journalistes ; mais comme rien ne m'astreint à remplir comme eux, coûte qui coûte, un nombre de pages déterminé, je n'ai aucun intérêt à faire de l'esprit aux dépens de vos syllabes. Je ne vous chicanerai donc pas à propos de telle incorrection, de telle tournure de phrase, qui pourrait sentir son homme de Quimper-Corentin. Ce n'est pas que je fusse embarrassé de trouver des citations *au soutien* de mes censures, selon votre élégante expression ; mais je craindrais que, si je faisais la folie de faire imprimer ma lettre, vous ne prissiez avec trop d'avantage, dans *le Courrier,* votre revanche aux dépens de mes locutions picardes.

Un homme d'esprit, *sans craindre le holà,* peut composer des articles sur des tableaux, et ne point se connaître en peinture. Cela ne fait de mal à personne ; cela même est un moyen de succès auprès de certains lecteurs, toujours prêts à s'extasier du moment qu'on leur donne du libéralisme à propos des croûtes du Salon.

Il n'en est pas tout-à-fait de même, quand un écrivain connu, un député, profitant de la saison qui condamne ses collègues au silence, transforme en tribune son cabinet, et qu'il vient, avec l'attache imposante de son titre constitutionnel, offrir au public ses idées sur les questions les plus délicates et les plus élevées, alléguer des faits capables d'égarer l'opinion publique, et faire la leçon au gouvernement du Roi, ainsi qu'aux cabinets étrangers.

Que sera-ce donc si cet écrivain, ce député, laisse entrevoir qu'il parle au nom de cette fraction de la chambre avec laquelle il a constamment voté, et qu'enfin il semble s'adresser, non pas seulement à ses contemporains, mais même à la postérité, en apposant à son écrit le titre pompeux de *Documens nécessaires pour l'histoire?*

Comme écrivain, on ne saurait assez admirer la naïveté de son amour-propre.

Comme député, on le blâmerait sans doute de prendre un moyen, pour ainsi dire officiel, de perpétuer hors de la chambre, avec l'applaudissement d'un parti, l'influence qu'il n'avait droit de chercher qu'à la tribune, et pendant la session. Que si cet homme, d'un bout de son livre à l'autre, invectivait contre le gouvernement du Roi, qui selon lui choye le privilége, on pourrait lui renvoyer ses propres censures, et lui dire avec raison : « Apôtre de l'égalité, vous usurpez

vous-même un privilége , et montrez ainsi ,
ou beaucoup d'inconséquence , ou peu de
bonne foi ; dans tous les cas , vous violez en
un point grave les convenances constitu-
tionnelles. »

Mais je passe condamnation sur la forme
de votre brochure , et veux bien l'accepter
comme une œuvre historique. J'oserai seulement vous faire une simple question :
Que faut-il pour être historien? J'entends
déjà votre réponse. Trois choses, me di-
rez-vous : exactitude dans les faits , exactitude dans les vues , exactitude dans le style.
Fort bien ; mais ne craignez-vous pas par
cette réponse , qui ne demandait pas un lit-
térateur aussi éclairé que vous, d'avoir condamné d'avance votre écrit? De l'axiome que
vous m'auriez fourni, il me sera peut-être
facile de conclure , preuve en main , qu'au
lieu de documens sur l'histoire de France
en 1820 , vous ne nous avez donné que quelques lambeaux du roman de votre parti. Oui,
Monsieur, dussiez-vous ne point me pardonner ce nouvel éclat de ma franchise ; à
moins d'être complice ou dupe de la conspiration libérale que vous confessez vous-

même, on ne peut que ranger votre écrit dans la classe de ces productions qu'un patriotisme éclairé désavoue, et que le bon goût ne revendique point.

Votre idée principale, idée qui revient à chaque page dans votre brochure, est fondée sur un fait qui n'existe que dans votre imagination ; et j'oserai prendre la liberté de vous plaindre : car ce fait grave, s'il pouvait m'être prouvé par vos assertions, m'alarmerait pour le moins aussi vivement que vous, dans mes sentimens et dans mes intérêts les plus chers, comme Français et comme électeur. Oui, Monsieur, j'aime mieux vous plaindre d'une erreur cruelle que de vous supposer capable d'accumuler des calomnies, et d'inventer de faux prétextes pour égarer l'opinion publique, et pour refroidir l'amour et la confiance du peuple envers notre bon et sage monarque. Un tel acte ne serait ni d'un fidèle sujet, ni d'un loyal député, ni d'un franc Breton.

Selon vous, le gouvernement du Roi n'a d'autre but, *depuis huit mois, et principalement depuis le* 15 *février,* que d'établir le règne du *privilége* sur les ruines de la charte constitutionnelle.

Voilà donc l'heureuse conception pour laquelle vous avez pris la plume! *Retour, triomphe du privilége, gouvernement qui s'affaiblit de tout ce qu'il emprunte au privilége, alliance du trône avec le privilége.* Ces mots ne pouvaient être mieux choisis pour faire impression sur les cerveaux inflammables de la cohue libérale, qui ne manque jamais d'admirer sur parole, et de répéter de confiance tout ce que débitent et impriment ses orateurs et ses libellistes. Ces mots, vous le savez tout comme moi, Monsieur, offrent en eux quelque chose d'obscur et de vague. Tant mieux! c'est une raison de plus pour que nos *carbonari* français les adoptent et les proclament avec enthousiasme. Ils resteraient froids si l'on prétendait les agiter par des mots à la portée des intelligences vulgaires. C'est par les grands mots que les grandes choses se sont faites en révolution. Il est aujourd'hui des hommes en France qui, bien avant vous, Monsieur, ont connu à fond ce secret, ce souverain moteur des troubles populaires. Ils en ont usé, Dieu sait! et plus que vous et vos amis n'en userez, je l'espère. Ils se souviennent encore de l'effet magique de certaines paroles et formules révolutionnai-res. C'est par le charme puissant de ces mots, inintelligibles pour la multitude, que la multitude s'est levée, et que le trône et l'autel sont tombés au profit des meneurs. Ainsi s'est allumée, en 1792, la guerre des chaumières contre les châteaux. *Mort au privilége* en fut aussi le mot d'ordre : je ne vous félicite point de la réminiscence. Au-riez-vous, par hasard, profité d'une leçon que Bonaparte donna en ce genre il n'y a pas six ans? Dans une proclamation adressée au peuple, il disait aux habitans des cam-pagnes : « On voulait vous attacher *à la glèbe.* » Cette phrase opéra comme un talis-man irrésistible sur ces bonnes gens. Ils ne comprenaient rien à ce grand mot, mais ils s'en effrayèrent ; et, pour échapper *à la glèbe,* ils laissèrent docilement enlever leur bétail, et conduire leurs enfans à l'affreuse boucherie de Waterloo. Où monsieur le marquis de Kératry, si proche parent d'une victime de la terreur (1), va-t-il chercher

(1) M. le comte de Kératry, ancien officier de la maison du Roi (gendarmerie), fut, pendant la terreur, condamné à mort par le tribunal révolutionnaire de Paris. (Voyez *le Moniteur* du tems.)

ses modèles de style et ses exemples de conduite?

Ah! Monsieur, si le caractère honorable qu'on a distingué en vous jusqu'à ce jour, ne me défendait pas de vous attribuer les froids calculs de l'ambition révolutionnaire, et de vous confondre avec tant d'autres chefs du parti libéral, je pourrais vous tracer ici de dures vérités, qui leur iraient, sans doute, beaucoup mieux qu'à vous. Toutefois, si quelques-unes m'échappent, gardez-vous, je vous prie, de les prendre pour des personnalités qui s'adresseraient directement à vous. Je sais tout ce qu'on doit d'égards à cette réputation d'indépendance morale et littéraire qui vous avait précédé, et qui vous a quelque tems suivi dans la chambre élective. Puisse cette réputation, bien plus précieuse que toutes les ovations d'un parti, et même que les triomphes du talent, ne pas aller mourir pour vous sous les bannières d'une faction, très-indépendante si vous voulez, ou plutôt très-indocile devant le frein des lois et de l'autorité légitime, mais qui, plus qu'aucun autre parti, a ses préjugés, ses passions, grandes et petites, et ses honteuses manœuvres ! En vain des journaux vous encensent, et des amis vous prônent ; votre cœur ne sera point sans regretter cette paisible et véritable indépendance dont vous jouissiez naguère. Vous vous souviendrez alors que ce n'est qu'en adorant l'Echo qu'il est donné au sage de la connaître et d'en jouir. On a beau dire : je sers la liberté. On n'est plus libre dès qu'on s'est jeté dans un parti ; mais on l'est toujours de ne pas se hasarder sur la mer des factions. Dès l'instant qu'on s'y est engagé on ne sait plus quand on reverra le port. Vos yeux n'ont-ils pas souvent pris plaisir à contempler, du rivage paisible, *les flots impétueux* de *l'armorique plage* (1) ? Ai-je besoin de vous rappeler que la mer des factions est mille fois plus fertile en tempêtes ?

Vous dénoncez le retour du privilége ; mais y avez-vous bien pensé ? Ce retour serait-il possible avec cette charte dont Louis XVIII se loue comme de son plus beau titre aux yeux de la postérité, et que vous-même vous appelez *ce magnifique, mais*

(1) Gresset, *Carême impromptu.*

simple titre, ajouté au titre primordial (1) de la justice éternelle? Le privilége n'a-t-il pas été pour jamais anéanti devant l'égalité civile, le jour où les Français, pairs ou éligibles, nobles ou plébéiens, indistinctement invités par la charte à la propriété et à l'industrie, ont vu, dans la quotité de leurs contributions envers l'état, un droit assuré aux fonctions honorables? Pouvez-vous donc craindre le retour de l'inégalité en France, après trente ans d'une révolution qui a nivelé sans retour tout ce qui pouvait l'être; et lorsque, plus d'un demi-siècle avant qu'elle éclatât, l'éducation et le talent, anoblissant la roture bien mieux que des parchemins, avaient presque partout fait oublier la distance des rangs ?

Vous criez au privilége, vous osez dire qu'*on montre à la famille régnante l'armée dans quelques états-majors* (2) ! Et ne voyez-vous pas autour de nos princes la foule de ces nobles guerriers qui sont les fils de leurs propres œuvres, et qu'on a si justement nommés les enfans de la Victoire? Depuis le

(1) Page 11.
(2) Page 12.

maréchal de France jusqu'au simple officier, ils forment la partie la plus nombreuse, et, j'oserai le dire, la plus honorée, non pas seulement de l'armée, mais de cette garde royale qui vient de se montrer si digne de son nom. Vous vous portez accusateur de *l'alliance du trône avec le privilége ;* et le Roi lui-même vous répond, en disant aux fils de nos braves qu'il fait élever dans ses écoles militaires : *Enfans, votre bâton de maréchal est dans votre giberne.* Vous tonnez contre l'admission des Français à tous les emplois, méconnue, dites-vous, malgré la charte ; mais la composition presque toute plébéienne du conseil d'état et celle du ministère, vous donnent à la face de la France et de l'Europe un démenti formel.

La portée de ces paroles : *triomphe du privilége sur la charte,* est immense. Avant de les tracer, avez-vous bien apprécié tout ce que ce peu de mots renferment de choses? Les dîmes, la corvée ; les colonels propriétaires, les dons gratuits du clergé, la restitution des propriétés nationales aux anciens seigneurs et ordres monastiques, par conséquent la résurrection des abbayes, communautés et confréries, et, pour couronner l'œuvre, la ruine et l'expropriation totale des trois cinquièmes des familles françaises; voilà, Monsieur, ce qu'amènerait ce retour du privilége que vous nous présagez si légèrement, et qui selon vous est imminent, inévitable. Autant vaudrait nous menacer de la restitution des biens confisqués sur les réformés par suite de la révocation de l'édit de Nantes. Cette dernière assertion ne serait en vérité pas plus absurde que vos sinistres pronostics; et, pour me servir d'une de vos expressions, *le pouvoir de Dieu même n'irait pas* (1) jusqu'à leur accomplissement.

En effet, avant que la France pût être la victime d'un bouleversement pareil à celui qui semble épouvanter votre imagination, il faudrait admettre plus que l'impossible, plus que l'absurde; il faudrait, poussant jusqu'au sacrilége la licence des hypothèses, supposer que l'esprit de vertige et de tyrannie se serait emparé des personnages les plus augustes, et aurait aveuglé tous leurs serviteurs; il faudrait de plus que toute la popu-

(1) Page 33.

lation française, complice d'une administration insensée, prêtât son consentement à ce
grand complot contre les intérêts et l'existence de tous, contre la raison publique.
Enfin, quand cette contagion de démence
et d'abrutissement aurait gagné de proche
en proche tous les habitans de la France,
la terre de France, cette terre classique de
la civilisation et de l'affranchissement des
communes, refuserait de produire et d'ouvrir les trésors de son sein en faveur d'un
peuple et d'un gouvernement assez ingrats,
assez insensés, pour répudier les bienfaits de
l'antique patrie et couronne des lis, et pour
intervertir l'ordre de leurs nobles et pros-
pères destinées.

Il est donc encore chez les Français des
hommes qui s'obstinent à méconnaître le
trait le plus caractéristique de l'histoire de
notre pays : c'est que la couronne n'a jamais
cessé d'être, même sous un Louis XI, la pro-
tectrice et l'alliée nécessaire des libertés de
la nation. « Nos institutions les plus ré-
» centes, a dit un homme d'état, ne sont
» qu'un développement de l'ouvrage com-
» mencé depuis plusieurs siècles par l'au-

» guste famille qui règne sur la France, et
» qui protégea toujours les arts, l'industrie
» nationale et les libertés publiques. Les
» assemblées nationales, le consentement
» à l'impôt, l'affranchissement des com-
» munes, l'affaiblissement et la ruine de la
» féodalité, remontent jusqu'aux capitu-
» laires de Charlemagne, aux édits de Louis-
» le-Gros, aux institutions de saint Louis.
» Ils avaient, et leurs successeurs à leur
» exemple, préparé par des améliorations
» successives ce que leur digne héritier
» a voulu terminer : il a posé la dernière
» pierre de ce grand édifice (1). »

Ces paroles, prononcées naguère devant les jeunes lauréats des colléges royaux, ne sont que le pur langage de l'histoire ; mais comme elles ont le malheur d'avoir passé par la bouche de M. le comte Siméon, ministre de l'intérieur *depuis huit mois*, ce qui est, je ne sais pourquoi, un crime à vos yeux, il est possible, Monsieur, que cette citation ne soit pas de votre goût.

(1) Voyez le discours prononcé par S. Exc. le ministre de l'intérieur, à la distribution des prix du concours général, le 16 août 1820, *Moniteur* du 17.

Vous ne récuserez pas du moins l'autorité d'un puissant orateur que le parti libéral s'efforce de conquérir par ses flatteries, et qui, dans la disgrâce comme dans la faveur, restera royaliste en dépit de vos éloges : autrement il faudrait ne plus croire à la vertu et à la fidélité la plus éprouvée. M. Royer-Collard, alors président de la commission d'instruction publique, adressait en 1817, à la même jeunesse, les paroles suivantes dont vous ferez sans doute votre profit :

« Vous apprendrez, disait-il, à chérir le
» pays où vous vivez, les institutions à l'om-
» bre desquelles vous croissez, le gouver-
» nement du souverain que la bonté du ciel
» a ramené au milieu de vous. *Quelle au-*
» *torité plus douce, plus éclairée et plus*
» *bienfaisante?*....... Aimez cette race au-
» guste qui a protégé vos pères durant tant
» de siècles ; qui les a tirés de la barbarie,
» et les a rendus à la vie civile et aux liber-
» tés qu'ils avaient perdues. Qu'elle règne à
» jamais, non comme la ville éternelle pour
» ravager au loin la terre, mais pour élever
» la nation qu'elle gouverne au comble de la
» prospérité, de la gloire et du bonheur. »

En vérité, Monsieur, j'ai honte d'avoir l'air de vous apprendre des choses que vous n'ignoriez pas, même à l'âge des jeunes gens devant lesquels ce publiciste s'exprimait avec un enthousiasme si prononcé pour les Bourbons. Mais sans perdre tems à chercher une transition qui ne soit pas une chute, quittons M. Royer-Collard pour revenir à votre brochure, dans laquelle il ne se consolera pas, j'espère, d'être si fort préconisé.

Votre brochure donc, loin d'offrir, ainsi que nous y consentions de bonne grâce, des *Documens nécessaires* à l'histoire à venir, ment, comme nous l'avons vu, à l'histoire du passé et à l'expérience. Elle n'est donc plus qu'un acte d'accusation contre le ministère. Voilà tout ce qui lui reste. Sous ce rapport, votre écrit aurait plus d'un point de ressemblance avec le fameux Mémoire de ce pauvre M. de Coussergues qui, pliant sous le faix de son énorme factum, est, je pense, plus embarrassé de ses accusations que M. Decazes n'en est inquiet. Même sagesse de vues chez les deux dénonciateurs, même bienveillance d'intentions, même bonne foi dans les argumens, même modération dans les principes politiques ; rien ne manque à cette parfaite similitude, si ce n'est que M. Clausel de Coussergues, ignorant l'art perfide des prétermissions et de la dubitation, attaque et frappe de front son adversaire, comme un franc chevalier du treizième siècle. Il calomnie en face. Un écrivain libéral procède avec plus de prudence. M. de Coussergues a donc sur M. de Kératry l'avantage du courage. A cette différence près, ces messieurs sont les deux Ménechmes ; et je leur en fais mon compliment.

Mais enfin quels sont les faits, quels sont les actes, dont vous argumentez pour déclarer le ministère et ses agens atteints et convaincus de conspiration en faveur du privilége ? Ce n'est pas seulement dans le frein salutaire, mais à peine suffisant, opposé à la licence des journaux et à la démagogie des élections, que vous découvrez les preuves matérielles d'un complot, pour la réussite duquel je fais des vœux avec tous les amis constitutionnels du Roi, avec tous les citoyens paisibles comme moi. Vous voyez le privilége partout. La commission de censure rejette-t-elle un article de M. de Kératry? C'est pour l'amour du privilége. Le gouvernement ne veut-il conserver dans les fonctions publiques que des hommes dont les opinions ne mettent point en question sa sûreté et même son existence? Le privilége est là, selon vous, qui menace d'envahir le conseil d'Etat. Afin d'épargner à la France le spectacle plus qu'inconvenant d'une candidature trop voisine d'un pardon généreux accordé par le Roi, le ministère a employé envers un officier-général les formes les plus conciliantes et l'entremise de l'amitié, démarche qui, je ne crains pas de le dire, n'est qu'un hommage rendu à la liberté des élections : le privilége est à la porte de la chambre des députés. En un mot, le privilége, toujours aussi judicieusement amené, revient dans vingt de vos phrases ; et, malgré vos assertions et vos argumens, je ne vois en tout cela qu'un privilége bien réel : c'est celui que s'arrogent certains faiseurs de brochures, qui insultent chaque jour à ce qu'il y a de plus auguste et de plus respectable en France. Qui peut leur inspirer tant d'audace? L'imprudente indulgence des jurés sur laquelle ils comptent, et à défaut de l'impunité le mépris des lois : car nos libéraux en sont à regarder les flétrissures de la justice du Roi, en matière politique, comme d'honorables persécutions.

Ces hommes crient à l'oppression, parce qu'il faut bien un prétexte pour attaquer le plus doux des gouvernemens. Ils transforment, dans leurs discours et dans leurs pages séditieuses, en mesures oppressives les actes les plus naturels et les directions les plus légales de l'administration. Ils ne cessent de signaler comme dangereuse la marche actuelle du gouvernement ; et aux yeux de tout ami de l'ordre, quelle que pût être au reste la tiédeur de son royalisme, le danger serait imminent si le gouvernement ne s'était pas enfin déterminé à cette marche plus ferme, plus prononcée, et qui fut trop long-tems dédaignée par le ministère.

Les hommes dont je vous parle, Monsieur, ne croient pas eux-mêmes aux dangers qu'ils pronostiquent ; il feignent de les voir où ils ne sont point, parce qu'ils calculent fort bien d'avance les périls réels qui naîtraient pour la monarchie, si l'autorité s'effrayait de leurs clameurs ou se rendait à leurs avis menaçans. Aujourd'hui, soyez-en convaincu, ils ne crient au privilége qu'afin d'arriver à la ruine ou à l'abaissement de la légitimité ; car un trône avili trouve toujours grâce à leurs yeux. Dans la foule qui se presse à nos fêtes publiques, on entend parfois des honnêtes gens crier *au voleur!* ou qu'ils étouffent, afin de pouvoir, à la faveur de l'effroi et du trouble excités par leurs clameurs, remplir leurs poches aux dépens de leurs voisins. Voilà, Monsieur, l'histoire de vos libéraux. C'est un *Document* à ajouter à une de vos prochaines éditions.

Je ne perds pas de vue que, dans deux endroits au moins de votre brochure, vous répétez que les Bourbons sont hors de la grande cause qui s'agite en ce moment. Je vous félicite du calme que vous savez garder quand, *il y a huit mois*, la légitimité a vu son plus précieux appui moissonné par le fer d'un Louvel, que les jacobins préconiseront du moins, puisque les libéraux n'ont pas voulu l'avouer. Quant à moi, Monsieur, je le confesse, mon amour pour les Bourbons est plus inquiet que le vôtre. Je ne puis m'empêcher de m'alarmer quand des écrits pareils à celui que vous publiez viennent à la suite de conspirations militaires auxquelles vous croyez à peine, et au milieu des révolutions qui ont ébranlé le trône de deux Bourbons.

Mais je m'aperçois, Monsieur, que j'ai déjà excédé, et bien au-delà, les bornes d'une lettre : j'ai cependant encore beaucoup de choses à vous dire. Si vous m'avez fait l'honneur de me lire jusqu'au bout, vous ne devez pas avoir moins besoin de repos que moi. Ainsi veuillez me permettre de prendre congé de vous jusqu'à demain.

J'ai l'honneur, etc.

Un Electeur picard.

Noyon, ce 20 septembre 1820.

DEUXIÈME LETTRE.

MONSIEUR,

J'ai regret que le divin Homère fasse de son héros un homme invulnérable : ce merveilleux privilége me paraît rendre moins glorieuse la valeur du bouillant Achille ; et j'en estime davantage Hector. Le même motif me ferait presque regretter l'invulnérabilité (1) politique de nos Achilles libéraux, ou, pour parler sans métaphore, l'inviolabilité de certains députés ; et cela, non que je veuille qu'il leur soit fait aucun mal, à Dieu ne plaise ! mais seulement pour connaître, à ne point m'y tromper, le degré, et même la réalité de leur courage. Cette connaissance serait d'autant plus précieuse aujourd'hui, que parmi les membres les plus énergiques du côté gauche nous voyons figu-

(1) Je doute que ce mot se trouve dans le Dictionnaire de l'Académie.

rer en première ligne tout ce qu'il y a eu sous Buonaparte d'hommes plus dévoués à son despotisme, et plus souples à ses caprices. En effet, de quoi se compose le groupe libéral dont une partie s'est formée au sein de la chambre élective, et dont l'autre en assiége les portes? Dans cet état-major de l'indépendance, je vois partout la peau du lion mal ajustée à celle du renard.

Quel indépendant, par exemple, que cet ancien pacha de Bonaparte qui s'était montré, sous la terreur, à la fois l'ennemi de toute autorité respectable, et, ce qui se concilie fort bien, le complaisant servile de Fréron et des ignobles tyrans d'alors! Il est libéral aujourd'hui, dans l'attente d'un ministère libéral; car, bien qu'on ait été préfet, on fait difficilement fortune avec un cabinet sans cliens, et des livres sans lecteurs. Juvénal et Boileau, où êtes-vous? Le premier peindrait l'homme, le second se chargerait du poète. En attendant, toutes les fois que nous entendrons ce traducteur de Juvénal faire la satire d'une administration dont il n'est point, nous lui dirons avec Horace : *Risum teneatis, amici.*

Je vois enfin assis sur le siége le plus en vue du côté gauche, certain marquis, administrateur du même tems, et au fond de même trempe, mais de tout le parti le plus spirituel, le plus habile à se faire écouter et à se parer d'une noble urbanité. Nourri dans le palais de nos rois, serviteur intime de Louis XVI (1), il a conservé les grandes manières d'un courtisan, en prenant, dit-on, les sentimens d'un révolutionnaire. S'est-il montré fidèle à ces sentimens qui sont de rigueur dans le parti libéral? Oui et non : non, s'il est vrai que, sous l'usurpateur, le noble marquis ait souffert qu'en dépit des lois nationales, les bons Belges chatouillassent parfois ses oreilles de son titre féodal : oui, s'il est vrai que dans une circonstance solennelle et bien plus récente, il ait renié ce même titre, imitant ainsi ces navigateurs qu'on forçait de profaner le signe de leur croyance, avant de dépasser les rivages opulens de la Chine (2). Il est des vérités qui ne

(1) M. le marquis de C. était, en 1789, maître de la garde-robe du Roi.

(2) Ce trait rappellerait celui du fameux Clodius qui, descendant de l'antique et orgueilleuse famille des Appius

sont point vraisemblables ; et quand par hasard ce sont des *médisances*, le plus sage est de les accueillir comme des *calomnies* : c'est le parti auquel nous nous résignerons, Monsieur. Quoi qu'il en soit, le noble marquis, malgré sa goutte, prendra bientôt le pas sur sir Francis Burdett et sur ce bon M. Hunt, le bien-aimé de *John Bull*. Seulement je ne lui conseille pas d'aller chercher l'ovation chez les cortès ; M. l'ex-commissaire-général de Bonaparte en Espagne (1) n'y serait pas reçu comme un ami de la liberté.

Bien en a pris, Monsieur, à celui des vôtres qui passe, avec raison, pour l'écrivain le plus habile, et pour le dialecticien par excellence, d'avoir été exilé sous l'empire. Sans cet exil, le royaliste véhément du 19 mars 1815 aurait-il attendu le 22

Claudius, abjura sa noblesse, et se fit adopter dans une famille plébéienne pour être élu tribun du peuple, et pouvoir, à la faveur de ce titre inviolable, bouleverser la république : il n'y réussit que trop bien, fit exiler Cicéron, persécuta tous les honnêtes gens de Rome, et périt enfin d'une manière funeste.

(1) En 1812, M. de C. passa, de sa préfecture en Belgique, au commissariat-général d'une partie de l'Espagne conquise.

pour donner à la France, trop habituée à de pareils spectacles, le scandale d'une défection qui eût encore droit de la surprendre? Cet homme, à peine Français, n'en a pas moins trouvé depuis une tribune, et les applaudissemens d'une nombreuse coterie chez les Français, jadis si délicats sur l'honneur et sur les convenances. Circonspect et presque silencieux en 1818, il a pu se croire en 1819 assez fort pour relever les prétendues palinodies des plus sages amis du Roi! J'avoue que si c'est là du courage, personne ne lui en disputera la palme.

J'arrive à vous, Monsieur, non que les portraits manquassent encore à ma galerie, mais parce que je suis las de n'envisager que des masques. J'arrive à vous, muni de la lanterne de Diogènes : je trouverai peut-être un homme, un véritable indépendant, un immobile. Vous n'avez ni servi, ni flatté, alors que vos amis d'aujourd'hui se montraient, pour la plupart, esclaves et rampans. Qu'avez-vous donc fait? Vous vous êtes tu, ou, ce qui est bien la même chose, vous faisiez de petits livres sans conséquence.

C'est alors que, si déposant votre *Habit mordoré* (1) vous eussiez voulu trancher du publiciste et régenter le despote impérial, vous eussiez trouvé à qui parler. M. le chef de la division de l'esprit public était là, avec sa censure préalable, pour vous imposer silence. Vous le connaissez beaucoup mieux que moi cet homme. Il occupe aujourd'hui parmi vos écrivains libéraux un poste non moins élevé et presqu'aussi lucratif que celui qu'il remplissait dans la police littéraire. C'était bien lui qui tenait alors *le pachalick de l'intelligence* dont vous gratifiez si libéralement la commission actuelle de censure (2).

Sous cette véritable dictature, qu'exerçait, non pas en *écolier* qui craint les férules, mais en maître passé, le redoutable auteur des *Deux Gendres*, vous n'auriez pu, Monsieur, confier seulement au papier la moindre pensée généreuse en fait de politique. En vain,

(1) L'éditeur, après bien des recherches bibliographiques, est parvenu à découvrir que le correspondant picard fait allusion à un roman de M. K...., intitulé *Mon Habit mordoré*.

(2) Page 33; voyez aussi presque toute la brochure, et particulièrement la page 25.

devant un censeur, maître de votre manus-
crit, auriez-vous protesté que Napoléon n'é-
tait *pour rien dans la cause :* Napoléon, sur
la délation de tel de vos bons amis d'aujour-
d'hui, y serait intervenu d'office, et comme
partie et comme juge ; puis la liberté ou
l'exil de l'auteur aurait payé les libérales
conceptions de son esprit.

Convenez donc avec moi que le ressenti-
ment un peu trop vif que vous inspirent
quelques-uns de vos articles condamnés *au
cabinet*, ou simplement ajournés par la
commission de censure, vous rend injuste, et vous a fait dépasser envers elle les
bornes d'une récrimination, fût-elle même
légitime. Vos entrailles paternelles pour
tous les enfans de votre plume vous ont
poussé trop loin. Les épithètes, ou plutôt
les injures dont vous accumulez plusieurs
pages contre les censeurs, ne sont ni d'un
homme de bonne compagnie, ni d'un écrivain de bon goût. Puisque vous êtes doué
d'une si malheureuse susceptibilité, que je
vous félicite de n'avoir pas, pour vos pé-
chés, été journaliste sous la férule des censeurs aux ordres de M. Etienne ! Non-seu-

lement on vous aurait empêché d'écrire tout ce que vous pensiez, mais on vous aurait forcé d'imprimer ce que vous ne pensiez pas.

A Dieu ne plaise qu'en rappelant les vexations de la censure impériale, de tyrannique mémoire, je veuille autoriser les abus qui pourraient s'introduire dans l'exercice de la censure actuelle ! Mon but seulement était de vous rappeler que les hommes qui crient le plus haut aujourd'hui contre la censure des journaux, instituée en vertu d'une loi, et si bornée dans ses attributions, si limitée dans son influence, sont les mêmes qui, sous Napoléon, étaient les chefs ou les familiers de sa redoutable inquisition de l'esprit.

Aujourd'hui, vous ne paraissez pas avoir besoin de l'apprendre, la position des écrivains qui se mêlent de politique est aussi avantageuse qu'elle était défavorable sous l'empire : ils déclament à leur aise, ou, s'ils ne veulent pas avoir à répondre de leurs phrases devant un jury, ils en sont quittes pour quelques concessions qui, démenties par l'esprit et par le but même de leurs écrits, n'imposent qu'à ceux qui veulent bien se laisser tromper. Ainsi, Monsieur, c'est bien en vain que vous protestez que votre brochure est *constitutionnelle et monarchique, comme vous le serez toujours vous-même* (1); il ne me sera pas difficile de vous prouver, en vous remettant sous les yeux vos propres phrases, que vous et votre écrit n'êtes ni l'un ni l'autre. Vous seul ferez les frais de cette réfutation.

Je ne sais, Monsieur, si vous accorderez toute l'importance que j'y attache moi-même à la première observation que je vais vous présenter : elle roulera tout entière sur un mot. Je n'ai pu m'empêcher de remarquer le soin que vous m'avez paru prendre de n'user d'autre terme que celui de *famille régnante* (2) pour désigner l'auguste race qui nous gouverne. La locution consacrée, *famille royale*, se présentait si naturellement à votre plume! J'aimerais à croire que ce fût sans intention de votre part que cette expression parût ainsi bannie de votre Dictionnaire. Nous savons assez que les hom-

(1) Voyez les notes de la brochure : note 5 , page 58.
(2) Voyez pages 12, 25.

mes de votre opinion ignorent communé-
ment, ou regardent comme un préjugé de
plus, cette convenance d'expression qui,
observée jadis dans les écrits et dans la conversation de nos pères, donnait à la langue
française un caractère d'urbanité dont peu
d'hommes conservent aujourd'hui la tra-
dition (1). Cette convenance des paroles
avait en outre l'avantage de rappeler à l'esprit comme au cœur toutes les bienséances
de sentiment; et le caractère national y ga-
gnait. Ces mots *famille régnante*, usités dans
l'histoire parce qu'ils y sont nécessaires,
ont, en présence du trône vénéré des Bourbons, je ne sais quoi d'irrespectueux qui
choquera toujours une oreille royaliste. Se-
rait-ce par malheur cette raison là même
qui vous aurait engagé à les préférer? Il ne

(1) M. Suard, dans ses écrits comme dans sa conversation, rappelait cette heureuse urbanité. M. le comte de
Fontanes, de l'Académie Française, conserve également
dans tous ses discours ce précieux caractère. Parmi nos
hommes d'Etat, je pourrais citer M. le comte Beugnot, qui
écrit mieux que bien des académiciens. Quoiqu'il fût assez
jeune lorsque la révolution éclata, il a conservé la tradi-
tion de la conversation d'autrefois.

(*Note de l'Editeur.*)

3

m'est guère possible d'en douter si j'en juge par l'affectation avec laquelle vous employez cette autre locution, le *règne précédent* (1), à propos du gouvernement de Buonaparte. Assurément, Monsieur, il ne faut pas être plus constitutionnel que royaliste, pour assimiler le gouvernement du monarque légitime qui nous a donné la charte, avec celui de l'usurpateur qui n'est revenu en 1815 qu'afin de la renverser. Que si vous repoussez cette conclusion comme doublement injuste, il vous faudra alors confesser qu'un enfant connaît mieux que vous la portée de ses expressions; et l'aveu paraîtrait aussi peu vraisemblable qu'il serait humiliant pour l'amour-propre d'un publiciste.

Le même passage de votre écrit présente une contradiction bien étrange : dès l'épigraphe vous proclamez que la publicité est l'ame d'un gouvernement représentatif; vous répétez ensuite de vingt manières cette vérité qui n'a pas besoin, pour être admise, du bruit que vous en faites; vous criez anathème contre tout ce qui tendrait à modérer l'essor de la publicité (2); puis, après

(1) Voyez page 28.
(2) Voyez pages 32 et 53.

une si éclatante profession de foi, vous ne balancez pas à déclarer pertinemment que le gouvernement du Roi *a eu tort d'accorder une publicité officielle* (1) à la conspiration déjouée le 19 août, conspiration qui, vous voulez bien nous l'accorder, *n'est pas sans réalité* (2). Mais vous vous dédommagez de cette concession en vous donnant le plaisir d'accuser les royalistes d'avoir conçu ce complot de concert avec les buonapartistes.

C'est à propos de cette conspiration, sur laquelle vous auriez dû nous fournir des *documens* moins hasardés, que vous donnez au ministère le conseil de suivre les traditions du *règne* de Buonaparte. Bon Dieu, que deviendrait la charte si en cette matière le gouvernement du Roi écoutait vos avis! Sous Napoléon, la nouvelle d'un complot ne devenait officielle qu'en même tems que le *Moniteur* annonçait le châtiment des grands comme des petits coupables.

Ce n'est pas que, sous un régime despotique, cette méthode ne pût se justifier dans

(1) Voyez page 28.
(2) Voyez page 27.

l'intérêt du pouvoir; mais d'autres institutions nécessitent aujourd'hui d'autres formes de procéder envers ceux qui menacent la sûreté du trône et de l'Etat. La chambre des pairs est là pour les juger; et son instruction lente et solennelle vaut bien, je pense, les jugemens expéditifs des commissions spéciales de l'usurpateur.

Je vous rends la justice de croire, Monsieur, qu'ici bien réellement vous ne songiez pas à la portée de vos paroles, en mettant le gouvernement sur la voie de pareils *précédens*. La conséquence à tirer de ce passage de votre brochure, comme de tant d'autres, c'est que dans le parti, pris d'avance par vous, de blâmer le gouvernement quoi qu'il fasse, vous avez oublié le cas où il ferait quelque chose de constitutionnel ; et comme ce cas peut se présenter plus souvent que vous ne pensez, vous n'avez pas prévu que vous vous exposeriez à tomber autant de fois en contradiction avec vos principes. En effet, de quoi blâmez-vous le ministère dans la circonstance dont il s'agit ? D'avoir, en vertu de cette loi de publicité que vous regardez comme le premier devoir d'un gouvernement représentatif, éclairé le public sur le motif des arrestations effectuées dans la nuit du 19 août 1820. Supposons un moment que le gouvernement, moins loyal, moins constitutionnel dans sa marche, eût tenu une conduite opposée, et qu'il eût rempli en silence les prisons de l'Abbaye : c'est bien alors que vous auriez crié à l'arbitraire jusque sur les toits, et vous auriez eu raison. Mais comme le ministère n'a pas cru devoir vous donner ce triomphe, comme il a suivi strictement les voies représentatives, taisez-vous donc ; autrement ceux qui feraient encore grâce à votre bonne foi seraient forcés de vous croire à l'A B C de la science constitutionnelle.

Je vois déjà le lacet qui tient votre masque prêt à se rompre. Continuons votre examen de conscience, homme monarchique et constitutionnel, peut-être bientôt verrons-nous à découvert votre face libérale.

Vous royaliste, Monsieur ! et si cela était auriez-vous osé dire que la famille royale *voit la nation dans quelques gentilshommes* (1) ?

(1) Page 12.

Quoi, cette famille dont le chef auguste a donné la charte, quoi, ces princes qui l'ont jurée, quoi, l'orpheline du Temple, n'ont pas, selon vous, prodigué à la nation assez de gages d'amour et d'un dévouement qui va jusqu'à l'abnégation de soi-même, jusqu'au renoncement des affections les plus naturelles et, j'ose le dire, des ressentimens les plus légitimes? Avez-vous oublié que le prince aimable et franc, qui après notre bien-aimé monarque est le plus voisin de la couronne, connaissait, aimait et appréciait si bien la nation française, que, dès le 12 avril 1814, il vint aux Tuileries, sans autre escorte que les acclamations publiques, sans autre sauve-garde que la confiance d'un cœur noble, s'entourer des vieux soldats de Napoléon, et se *reposer*, disait-il, *sur les lauriers des maréchaux de l'empire?* Lorsqu'il mit le pied sur le sol de la patrie, après vingt-trois ans d'exil et de persécutions de la part des gouvernemens révolutionnaires, son cœur n'exhala d'autre sentiment que celui-ci : *Rien n'est changé en France ; il n'y a qu'un Français de plus.* Touchante unanimité des deux frères du roi martyr! Ces paroles de MONSIEUR eurent pour commentaire la déclaration de Saint-Ouen et la charte.

Pouvez-vous porter votre pensée sur le digne et maintenant unique fils de ce bon prince, sans vous rappeler ces mots, *union et oubli*, que Monseigneur le duc d'Angoulême proclama au milieu d'une population dont j'ai peine à croire que les élections représentent aujourd'hui les sentimens et les vœux? Ce n'est pas vous à qui l'on devrait apprendre avec quelle ardeur ce prince appliqué et réfléchi s'adonne chaque jour à étudier les choses et les hommes de la France.

Et voilà les princes que vous désignez comme répudiant la nation pour quelques gentilshommes! C'est donc aussi pour des gentilshommes que leurs immenses charités vont chaque jour au devant de toutes les misères de ce vaste royaume?

Et cette jeune et infortunée princesse qui pleurera encore quand la France se réjouira de l'appui si prochain qu'elle promet à la légitimité, la veuve du duc de Berri a-t-elle au moins trouvé grâce à vos yeux? Non. Votre impitoyable plume lui réservait un affront personnel. Vous n'avez pas craint de l'accuser de sentimens haineux, et de représenter sa douleur comme étudiée (1). En vérité, Monsieur, ou votre main aurait dû se sécher avant de tracer de pareilles phrases, ou votre front devrait rougir quand, après les avoir écrites, vous osez dire : je suis royaliste.

Vous êtes gentilhomme, M. de Kératry, autant que noble en France. On peut en dire autant de ces coryphées du parti libéral, qui portent des noms d'une antique illustration. Mais quel que soit le faible dont vous taxiez nos princes pour la noblesse, j'ose espérer qu'ils ne verront jamais les vœux et les sentimens de la nation, dans l'opinion de *quelques gentilshommes* de votre couleur.

Une œuvre libérale ne serait pas bien complète sans une attaque bien formelle

---

(1) Il n'y a rien ici de trop fort ; voici les expressions de M. de Kératry :

« On a fait intervenir les plaintes d'une jeune princesse » à laquelle on a appris à haïr et à alarmer sa famille sur » une santé doublement précieuse. » Page 19.

contre la religion. Aussi dans votre écrit ne vous l'êtes-vous pas refusée. Vous savourez philosophiquement le plaisir de tourner en ridicule la religion de vos pères que vous appelez *catholicisme* (1), et qu'un reste de pudeur vous a empêché de nommer *pa-pisme. On le prendrait uniquement*, dites-vous, *pour la religion des gentilshommes* (2). Le trait est joli, inattendu; c'est dommage qu'il ne soit point constitutionnel; car l'auteur de la charte, bien moins philosophe que ce bon M. de Robespierre qui fit décréter l'Etre Suprême, ne s'est pas dispensé de déclarer la religion catholique la religion de l'état. Buonaparte en avait fait autant; et sous ce despote la censure de M. Etienne, qui était alors un homme monarchique, ne vous aurait point passé cette petite saillie d'impiété.

Je vous devine, ô vous, monsieur l'auteur d'un pamphlet où les arrière-pensées du parti révolutionnaire se laissent apercevoir avec une si rare audace, je vous devine : vous seriez assez constitutionnel sous une charte

(1) Voyez page 21.
(2) *Ibid.*

qui se passerait du trône et de l'autel ; car comment expliquer autrement toutes les choses que vous voyez dans la charte et surtout toutes celles que vous n'y voyez pas ? A vous en croire, la charte n'a pas seulement consacré et garanti tous les droits publics ou particuliers, tous les intérets nés de la révolution, qui se trouvent spécifiés dans les divers articles de ce grand contrat ; elle aurait de plus *consacré et reconnu* la révolution elle-même (1). Or, continuez-vous, le gouvernement du Roi doit *protéger* (2) cette révolution qui, « fille du tems et de l'éga- » lité, est robuste comme son père et juste » comme sa mère (3) ; » donc il est urgent pour la monarchie de se rallier au libéralisme (4). Ainsi, Monsieur, vous mettez de côté la forme et toutes les dispositions monarchiques de la charte, pour n'en adopter que les concessions démocratiques, que vous étendez indéfiniment. Vous déchirez toute une moitié de notre constitution ; et vous érigeriez

(1) Voyez page 11.
(2) Voyez page 20.
(3) Voyez page 25.
(4) Voyez page 28.

volontiers la France en république, où le Roi ne serait plus qu'un président d'Etats-Unis, revêtu du manteau fleurdelisé.

A quelles fâcheuses conclusions vous entraîne un système conçu hors de la sphère de notre charte? Elle a dû consacrer les intérêts révolutionnaires : nulle difficulté sur ce point, parce qu'elle ne l'a fait qu'en vertu de cette justice éternelle qui ne méconnaîtra jamais les droits de tiers de bonne foi. Mais la charte a-t-elle pu consacrer les principes d'une révolution qui depuis trente ans lutte contre cette justice éternelle? Non ; je vous soutiens que vous ne le croyez pas vous-même, bien que vous vouliez nous le persuader. En signant l'acte qui les aurait consacrés ces principes, Louis XVIII aurait signé l'abdication de sa légitimité, et son abdication personnelle pendant vingt-un ans; il aurait introduit la révolte, le régicide et le brigandage au nombre des maximes du nouveau droit public des Français; il aurait virtuellement adhéré à tous les excès de la révolution, et s'en serait montré, j'ose le dire, non-seulement l'approbateur, mais le complice après coup. Voilà les conséquences sacriléges qui découlent tout naturellement du principe funeste de la révolution tout entière dans la charte. Que si vous ne reculez pas devant ces conséquences , alors je ne m'étonne plus de vous entendre appeler de toutes vos forces l'insurrection contre le gouvernement du roi. Vous faites plus , vous la proclamez sainte cette insurrection en la comparant à la ligue de toutes les tribus d'Israel contre la tribu de Benjamin , pour venger l'indigne outrage fait à l'épouse du lévite d'Ephraïm (1).

Ainsi, par la vertu de vos propres paroles , je vous vois dépouillé de la double qualité de royaliste et de constitutionnel. Que vous reste-t-il donc ? Le titre de député. Eh ! se montre-t-on bien digne de ce beau titre en donnant à penser, ainsi que vous l'avez fait, qu'on ne sait respecter ni le Roi ni la charte ? Mais je ne veux pas être si sévère : plus d'un siége de la chambre élective deviendrait vacant, si l'on y regardait de trop près avec certains députés dont

(1) Page 29. Lisez en entier les pages 26 , 27 , 37 et 45 , où M. de Kératry explique sa pensée plus ou moins positivement à cet égard.

les opinions sont les vôtres. Ces messieurs votent, votez comme eux ; mais ne trouvez pas mauvais que des députés vraiment royalistes, vraiment constitutionnels, s'opposent au triomphe de vos scrutins hostiles. Ne leur préparez pas des affronts et des dangers , parce qu'ils soutiennent le gouvernement du Roi dans la route difficile où l'a jeté la collision trop long-tems tolérée de deux factions ennemies , et le jeu hasardeux d'une balance chimérique entre des opinions irréconciliables.

Mais quoi ! ne respecteriez - vous pas même les convenances que vous imposent vos nobles fonctions ? Député chez le peuple le plus poli de l'Europe , vous manqueriez aux règles du simple savoir-vivre ! En vain entre membres d'une même assemblée, se doit-on des égards dont rien ne saurait dispenser : cette considération ne vous arrêterait point ? En effet, loin de vous indigner de l'accueil injurieux et menaçant fait par des habitans de Brest à deux honorables députés , investis d'ailleurs d'une haute magistrature, vous triomphez de ces outrages ; vous en faites, dans votre écrit, un sujet de plaisanterie. Bien plus, si j'en crois les réflexions (1) que vous inspirent ces scènes tumultueuses, vous paraissez vous associer au délit d'une populace égarée, en annonçant de Paris un fait, comme s'il ne s'était pas encore passé à Brest. Après avoir dit que M. Bellart se louait des procédés de M. Guilhem, qui dans cette occasion paraît vous avoir donné un exemple dont vous auriez dû profiter, vous ajoutez : « M. Bour- » deau est à la veille de lui avoir une pa- » reille obligation (2). » Ou cette phrase a été écrite par vous dans un moment de distraction bien inconcevable, ou les mouvemens séditieux des Brestois contre deux collègues de M. le député du Finistère auraient-ils été dirigés du fond de ce même cabinet d'où sont sortis les *Documens néces-saires ?*

Que sont devenues, Monsieur, votre susceptibilité constitutionnelle et cette profonde rancune que vous manifestez toutes

---

(1) Voyez toute la note 4 qui commence à la page 59. Les réflexions de M. de Kératry commencent seulement à la page 63.

(2) Page 64.

les fois que vous venez à songer au tumulte des premiers jours du mois de juin dernier? *Manet altâ mente repostum.*

Mais encore de quoi s'agissait-il? Quelques députés du côté gauche ont dit avoir eu leurs habits froissés, et leurs personnes serrées d'un peu près au milieu d'un attroupement trop nombreux pour qu'il n'y eût pas beaucoup de désordre. Sans remonter à la cause première de ces réunions séditieuses; sans demander à un honorable député qui prétend avoir *un nom Européen,* s'il n'a pas saisi trop avidement l'occasion de nous le prouver, en ne faisant rien pour empêcher une jeunesse inconsidérée de former autour de sa personne un cortége tout au moins inconvenant dans nos usages, puisque, dieu merci, la France n'a pas encore les *hustings* de l'Angleterre; sans m'enquérir de ceux qui avaient fait placarder dans trois écoles publiques, ces adresses, véritables lettres patentes de sédition, qui invitaient les étudians à se rendre aux alentours du palais de la chambre, pour prendre extérieurement part à la bataille des élections; sans examiner enfin si le centre ministériel , le côté droit et les citoyens qui pensaient comme la majorité de nos députés, avaient besoin d'un attroupement dont les vociférations affectées en faveur de la charte seule parussent une insulte envers le Roi, qui pouvait les entendre , en même tems qu'elles semblaient être les auxiliaires des violentes déclamations du côté gauche; sans considérer enfin si de pareils cris n'avaient pas évidemment pour but d'influencer, dans le sens de la minorité, la décision de la chambre prête à voter sur la loi des élections : je me contenterai d'adresser deux questions à ceux de MM. les députés du côté gauche qui se plaignent d'avoir été , dans ces journées de triste mémoire, les victimes de leur amour pour les principes (1) ; et je les leur adresse, ces questions , avec d'autant plus de confiance qu'eux seuls pourraient les résoudre, si j'en crois les bruits qui ont couru par toute la France. — Mais qui vous forçait de vous jeter dans cette bagarre ? Etait-ce la

(1) Comme nous relisions les épreuves de cette seconde lettre nous avons reçu la brochure nouvelle de M. Benjamin de Constant *sur la dissolution de la chambre :* ce mot *victime* s'y trouve effectivement consacré.

louable intention de seconder les gendar-
mes, et d'imposer aux séditieux par l'aspect
des députés de la nation improuvant leurs
désordres ? Mais alors que n'avez-vous
gardé votre costume ? Etait-ce la pensée
constitutionnelle de couvrir les cris de
vive la Charte ! rien que la Charte ! par les
cris de *vive le Roi ! vive la Charte ?* J'en
doute, car dans ce cas M. de Kératry ne se
serait pas fait tant tirer l'oreille pour se
joindre aux citoyens qui, répondant aux cris
de la sédition par celui du dévouement,
proclamaient avec amour le nom vénéré de
l'auteur de la charte.

Que si les membres du côté gauche ne
jugent pas à propos de répondre à ces questions, ils me diront du moins s'ils ont été
les seuls maltraités dans la foule. Mais par
un malencontreux privilége les noms des
libéraux étaient donc écrits sur leurs fronts ?
Je crois cependant savoir de bonne source
que les insultes n'ont pas été seulement pour
les libéraux. On m'a affirmé qu'un député du
côté gauche, dont la taille et la force physique
sont fort avantageuses quand le hasard ou
tout autre motif engage dans un attroupe-

ment, a osé insulter un de ses collègues, député du centre et magistrat, qui s'était pré-
cipité dans la foule pour arrêter le désordre
et protéger quiconque était maltraité. Je sais
encore, à pouvoir nommer l'honorable membre s'il en était besoin, qu'un autre député
du centre, général distingué par ses nobles
services, et recommandable par sa fidélité au
Roi, a été outragé comme ministériel. Plusieurs factieux l'entouraient, et commen-
çaient à l'apostropher : par la fierté de son
maintien et la fermeté de ses paroles, il a su
leur imposer silence et les forcer à lui ouvrir
passage. Que si les deux députés dont je parle
ne sont pas venus se plaindre à la tribune, et
faire chorus avec les doléances du côté gauche, on doit admirer la modération et la
générosité du premier ; et trouver le silence
du second tout naturel dans un militaire
qui, accoutumé à braver le feu, n'appellera
pas danger les vociférations de quelques
écoliers égarés, loin du centre de leurs études,
par les suggestions d'hommes en cela bien
condamnables.

Quoi qu'il en soit, l'autorité s'est empres-
sée de demander à des députés du côté gau-

che leur déposition légale sur les violences qu'ils prétendaient avoir été commises envers eux. Infidèles à l'un des principaux devoirs du citoyen, ils se sont refusés à donner aucun renseignement ; mais pendant trois jours ils ont intempestivement occupé l'assemblée de détails vagues et de bruits de ville ; et ils ne s'en réservaient pas moins le plaisir de crier plus tard au déni de justice. En vain une procédure a été instruite et se poursuit avec zèle, je voudrais dire avec succès (1), voilà aujourd'hui que M. de Kératry, faisant pour son parti fonctions d'accusateur public, vient trois mois après, dans un lourd réquisitoire, accuser les ministres d'être les fauteurs, sinon les complices, de

(1) Il paraît, selon la même brochure de M. Benjamin Constant, et non pas selon le *Moniteur* après la lecture duquel j'avais encore suspendu mon jugement, que cet honorable député, appelé en témoignage devant M. le juge instructeur, a mieux aimé correspondre avec lui, et lui tracer d'avance les interrogatoires sur lesquels seuls il était disposé à répondre, que de répondre aux questions que ce magistrat était en droit de lui adresser dans l'intérêt de la justice et de la procédure. Ainsi ces députés qui écrivent contre les lois veulent apprendre leur métier aux magistrats ; et en leur faisant la leçon, ils ne songent pas qu'ils se montrent rebelles à la justice.

la scène du 3 juin. La France aurait dû dès ce jour là se soulever ; elle le doit encore aujourd'hui, parce que M. de Kératry et quelques membres du côté gauche prétendent avoir été insultés.

Mais si dans le domicile choisi par eux, au sein d'une ville française qu'ils visitaient, et où ils devaient trouver au moins l'hospitalité, deux députés, réputés ministériels, ont été honnis, injuriés, menacés ; si même des cris de meurtre se sont fait entendre contre l'un d'eux : bagatelle ! la France ne doit qu'en rire, puisque MM. les députés du côté gauche, et particulièrement M. de Kératry, trouvent la chose très-plaisante.

Vous me dispenserez d'ajouter tout ce que de pareils excès ont d'attentatoire à la dignité de la chambre, méconnue dans deux de ses membres, et tout ce qu'ils ont de funeste pour la liberté des opinions et des votes : vous le savez aussi bien que moi. Vous n'auriez pas de sitôt oublié la belle morale constitutionnelle que vous et vos amis professâtes à la tribune, à l'occasion de l'attroupement du 3 juin. Aujourd'hui c'est la morale du *charivari* que vous prêchez. Mais avec un gouvernement représentatif, il n'est sûr pour personne de créer de pareils *précédens*. Sous un tel régime, la roche Tarpéienne est voisine du Capitole, et le violon n'est pas non plus bien éloigné du chaudron. Qui triomphe aujourd'hui peut être baffoué demain. Souvenez-vous qu'il n'y a pas cinq ans, M. de Villèle et ses amis recevaient des triomphes.

Avant de nous quitter, Monsieur, délivrez-moi d'un doute. Me tromperais-je en affirmant que vous n'avez pas toujours été un libéral si déterminé? J'ai quelque idée de vous avoir vu en 1819, et même en 1820, chez des ministres et des fonctionnaires auxquels je fus présenté pendant un assez long séjour que je fis à Paris. Vous ne passiez pas alors pour un membre de l'opposition. Il y avait bien quelque chose de libéral dans vos phrases; mais on ne vous prenait que pour un doctrinaire, et doctrinaire d'autant plus facile à manier que vous n'étiez pas encore conseiller d'état. Personne n'avait l'air plus doux, plus accort et plus souple que vous dans un salon ministériel. On vous voyait serrer af-

fectueusement la main à tel de vos collègues que vous dénoncez aujourd'hui. Au
sortir de la chambre des députés, M. Louis
vous prenait dans sa voiture ; on disait
même alors, mais je ne l'ai pas cru, que
vous étiez un homme précieux pour recru-
ter quelques voix indécises dans le côté gauche. Vous diniez chez M. Decazes ; j'eus
l'honneur de m'y trouver avec vous, peu de
jours avant le 15 février. Vous étiez si chaud
pour les ministres, qu'on vous entendait mo-
rigéner d'importance sur leur tiédeur minis-
térielle, d'honorables collègues qui n'ont jamais quitté le centre.

Que faut-il en conclure ? Rien, sinon que
vous n'êtes pas changé. Vous êtes, dans le
parti de l'opposition, ce que vous étiez
dans le parti ministériel.

J'ai l'honneur, etc.

Un Électeur Picard.

Ce 22 septembre 1820.

IMPRIMERIE DE PILLET AINÉ, RUE CHRISTINE, N° 5.